Oficina infantil de Escritores

Hermínio Sargentim

volume 2
educação infantil

1ª edição - São Paulo - 2012

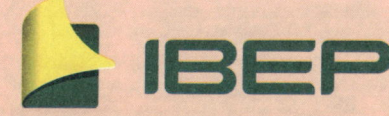
IBEP

Oficina infantil de escritores
Língua Portuguesa – Ensino Infantil 2
© IBEP, 2012

Diretor superintendente Jorge Yunes
Gerente editorial Célia de Assis
Coordenação geral Ricardo Soares
Edição, preparação e revisão Aurea Faria, Malu Favret
Coordenadora de arte Karina Monteiro
Assistente de arte Marília Vilela, Tomás Troppmair
Coordenadora de iconografia Maria do Céu Pires Passuello
Assistente de iconografia Adriana Correia, Wilson de Castilho
Ilustrações Andressa Gonçalves, Eduardo Borges, Isvaldo Cançado, Ivan Coutinho, Mônica Chan
Produção editorial Paula Calviello
Produção gráfica José Antonio Ferraz
Assistente de produção gráfica Eliane M. M. Ferreira
Capa Departamento de arte IBEP
Projeto gráfico e editoração eletrônica Figurativa Editorial

1ª edição – São Paulo – 2012
Todos os direitos reservados

Av. Alexandre Mackenzie, 619 – Jaguaré
São Paulo – SP – 05322-000 – Brasil – Tel.: (11) 2799-7799
www.ibep-nacional.com.br   editoras@ibep-nacional.com.br
Impressão Serzegraf - Fevereiro 2017

CIP-BRASIL. CATALOGAÇÃO-NA-FONTE
SINDICATO NACIONAL DOS EDITORES DE LIVROS, RJ

S251o

Sargentim, Hermínio G. (Hermínio Geraldo), 1946-
   Oficina infantil de escritores : educação infantil : volume 2 / Hermínio Geraldo Sargentim. – 1. ed. – São Paulo : IBEP, 2012.
   il. : 28 cm   (Oficina infantil de escritores)

   ISBN 978-85-342-3463-4 (aluno) - 978-85-342-3465-8 (mestre)

   1. Língua portuguesa - Estudo e ensino (Educação pré-escolar). I. Título. II. Série.

12-5356.
CDD: 372.21
CDU: 372.3

27.07.12 07.08.12

037727

APRESENTAÇÃO

MEU PEQUENO ESCRITOR,

A VIDA FICA BONITA QUANDO CONTADA.

NESTE LIVRO, VOCÊ VAI CONTAR UM POUCO DA HISTÓRIA DA SUA VIDA E DA HISTÓRIA DAS PESSOAS QUE VOCÊ CONHECE. VAI CONTAR TAMBÉM AS HISTÓRIAS QUE ESTÃO EM SUA IMAGINAÇÃO.

COM O DESENHO, VOCÊ VAI REGISTRAR, NOS TRAÇOS E NAS CORES, TODAS ESSAS HISTÓRIAS.

TUDO ISSO VAI AJUDÁ-LO A CONHECER MELHOR VOCÊ E TODOS AQUELES COM QUEM CONVIVE.

O AUTOR

SUMÁRIO

UNIDADE 1 — MINHA HISTÓRIA

- **FICHA 1** EU
- **FICHA 2** MINHA HISTÓRIA
- **FICHA 3** ONDE VIVO
- **FICHA 4** MINHA FAMÍLIA

UNIDADE 2 — NATUREZA

- **FICHA 1** OS NOMES
- **FICHA 2** UM PÁSSARO
- **FICHA 3** COMO É E O QUE FAZ
- **FICHA 4** A FALA DOS ANIMAIS

UNIDADE 3 — BRINQUEDOS

- **FICHA 1** EU SOU A PERSONAGEM
- **FICHA 2** A CAIXA MÁGICA
- **FICHA 3** O RECREIO
- **FICHA 4** UM SUPER-HERÓI

UNIDADE 4 — FESTAS

- **FICHA 1** MEU ANIVERSÁRIO
- **FICHA 2** PÁSCOA
- **FICHA 3** FESTA JUNINA
- **FICHA 4** NATAL

UNIDADE 5 PALAVRAS

FICHA 1	O QUE A PERSONAGEM FALA
FICHA 2	O QUE EU FAÇO
FICHA 3	O NOME DAS COISAS
FICHA 4	A GELADEIRA

UNIDADE 7 SENTIMENTOS

FICHA 1	O QUE A PERSONAGEM SENTE
FICHA 2	ESTAR FELIZ
FICHA 3	ESTAR TRISTE
FICHA 4	O CRAVO E A ROSA

UNIDADE 6 HISTÓRIAS

FICHA 1	A HISTÓRIA CONTADA
FICHA 2	A SEQUÊNCIA DOS FATOS
FICHA 3	O QUE A PERSONAGEM FALA
FICHA 4	A HISTÓRIA CONTADA

UNIDADE 8 VIAGENS

FICHA 1	VIAGEM NO TEMPO
FICHA 2	A SEQUÊNCIA DOS FATOS
FICHA 3	LUGARES E ROUPAS
FICHA 4	MUNDO DIFERENTE

UNIDADE 1

MINHA HISTÓRIA

FICHA 1 — EU

OLHE-SE NO ESPELHO. OBSERVE BEM SEU CORPO: ROSTO (CABELO, OLHOS, NARIZ, BOCA), BRAÇOS, MÃOS E PERNAS... DEPOIS DESENHE VOCÊ. ESTE SOU EU.

MEU NOME É _____.

TENHO _____ ANOS.

MINHA BRINCADEIRA PREFERIDA

MINHA COMIDA PREFERIDA

UNIDADE 1
FICHA 2 — MINHA HISTÓRIA

ESTA É A HISTÓRIA DA BORBOLETA.

NO COMEÇO EU ERA ASSIM...

DEPOIS CRESCI...

HOJE SOU ASSIM...

Desenhos representativos. As proporções não guardam relação com a realidade.

A SUA HISTÓRIA É DIFERENTE. DESENHE A SUA HISTÓRIA.

NO COMEÇO EU ERA ASSIM...

DEPOIS CRESCI...

HOJE SOU ASSIM...

FICHA 2

UNIDADE 1

UNIDADE 1 — MINHA HISTÓRIA

FICHA 3 — ONDE VIVO

DESENHE E CONTE COM QUEM VOCÊ VIVE, ONDE MORA, ONDE ESTUDA, QUEM SÃO SEUS AMIGOS.

MINHA FAMÍLIA	MINHA CASA

MINHA ESCOLA　　　　　　　　　　　　　　　MEUS AMIGOS

FICHA 3　　　　　　　　　　　　　　　　　　UNIDADE 1

DESENHE SUA FAMÍLIA.

FICHA 4

UNIDADE 1

OBSERVE O DESENHO DA FLORESTA.

Desenhos representativos. As proporções não guardam relação com a realidade.

ESCREVA O QUE PODEMOS ENCONTRAR NELA.

FICHA 2 — UM PÁSSARO
UNIDADE 2 — NATUREZA

IMAGINE QUE VOCÊ É UM PÁSSARO.
FAÇA DESENHOS OU COLE FOTOS PARA CONTAR QUEM VOCÊ É, ONDE MORA, COM QUEM VIVE.

QUEM SOU EU

ONDE MORO	COM QUEM VIVO

FICHA 2 — UNIDADE 2

UNIDADE 2 — NATUREZA
FICHA 3 — COMO É E O QUE FAZ

O SEU PROFESSOR VAI LER O TEXTO. ACOMPANHE A LEITURA NO LIVRO.

O PICA-PAU É RÁPIDO.
ELE PICA, PICA, PICA.

O TATU É AFOBADO.
ELE CAVA, CAVA, CAVA.

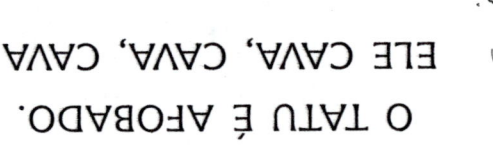

O TICO-TICO É BONITO.
ELE VOA, VOA, VOA.

A GATA MIMI É EDUCADA.
ELA MIA, MIA, MIA.

EU SOU MENINO.
EU COMO, AMO E VIVO.

EU SOU MENINA.
EU COMO, AMO E VIVO.

Desenhos representativos.
As proporções não guardam relação com a realidade.

AGORA, COMPLETE O TEXTO.

O MACACO É _____.

ELE _____, _____, _____.

O BEBÊ É _____.

ELE _____, _____, _____.

O CÃO É _____.

ELE _____, _____, _____.

O RATO É _____.

ELE _____, _____, _____.

O LOBO É _____.

ELE _____, _____, _____.

Desenhos representativos. As proporções não guardam relação com a realidade.

FICHA 4 — A FALA DOS ANIMAIS
UNIDADE 2 — NATUREZA

O QUE SERÁ QUE OS ANIMAIS ESTÃO FALANDO? ESCREVA NOS BALÕES AS FALAS DOS ANIMAIS.

CACHORRO	VACA	PASSARINHO

Desenhos representativos. As proporções não guardam relação com a realidade.

GATO BODE GALO

Desenhos representativos. As proporções não guardam relação com a realidade.

IMAGINE QUE VOCÊ É UM BRINQUEDO.
FAÇA DESENHOS OU ESCREVA CONTANDO QUEM VOCÊ É, ONDE VIVE, QUEM BRINCA COM VOCÊ, O QUE O DEIXA TRISTE OU FELIZ, QUEM SÃO SEUS AMIGOS.

EU SOU...

FICHA 1 EU SOU A PERSONAGEM

UNIDADE 3 BRINQUEDOS

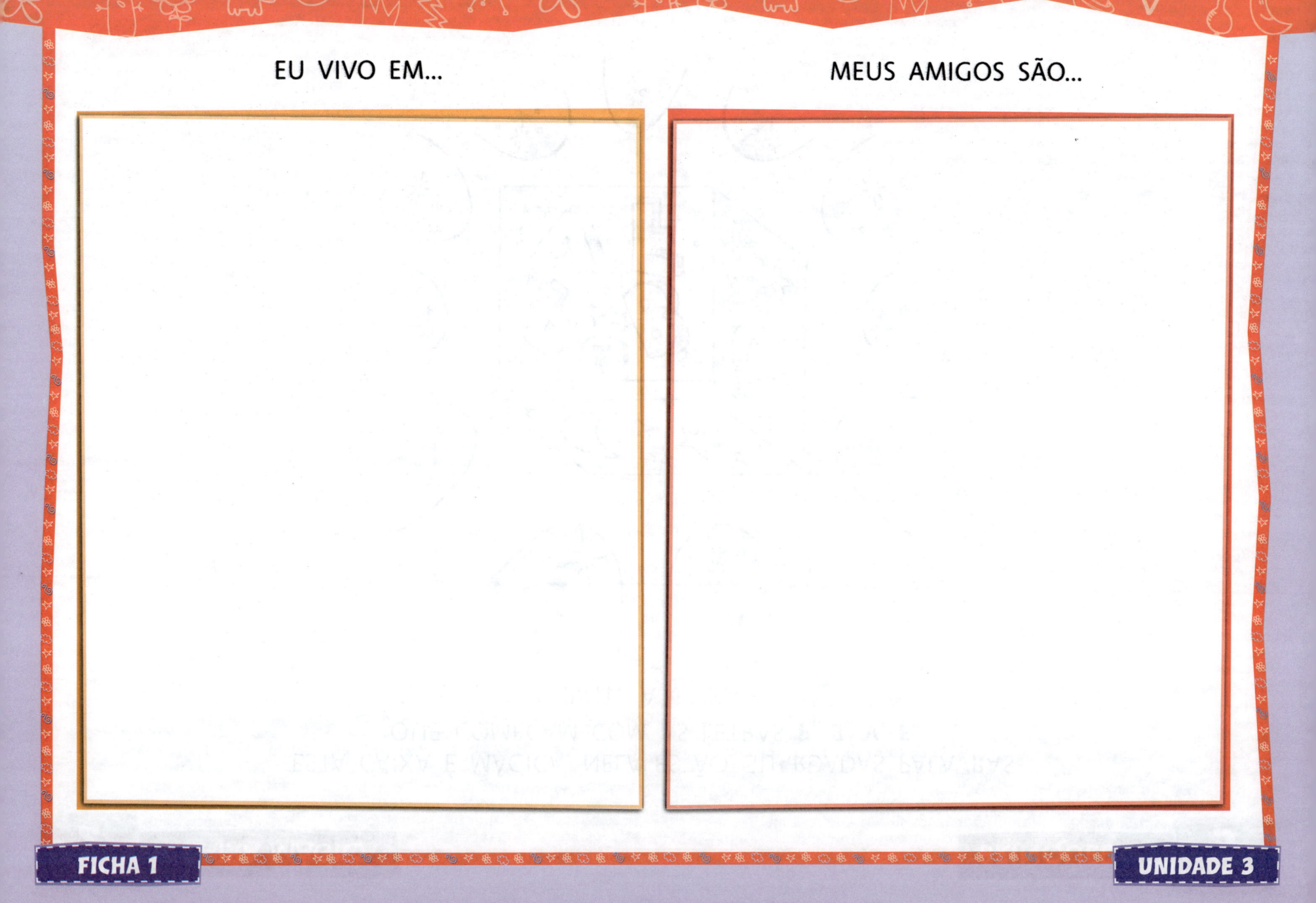

EU VIVO EM...

MEUS AMIGOS SÃO...

FICHA 1

UNIDADE 3

UNIDADE 3
BRINQUEDOS
FICHA 2 — A CAIXA MÁGICA

ESTA CAIXA É MÁGICA. NELA ESTÃO GUARDADAS PALAVRAS QUE COMEÇAM COM AS LETRAS **P, B, V, F**.
PINTE A CAIXA.

AGORA, RETIRE DA CAIXA MÁGICA PALAVRAS COMEÇADAS COM **P, B, V, F**.
COPIE-AS NAS LINHAS.

P

B

V

F

FICHA 2

UNIDADE 3

PINTE A ILUSTRAÇÃO.

O RECREIO

BRINQUEDOS

FICHA 3

UNIDADE 3

**PENSE NO QUE ACONTECE NO RECREIO DA SUA ESCOLA.
ESCREVA O QUE AS CRIANÇAS DA SUA CLASSE FAZEM NO RECREIO.**

_____
_____
_____
_____
_____
_____
_____
_____
_____
_____

UNIDADE 3
BRINQUEDOS

FICHA 4
UM SUPER-HERÓI

IMAGINE QUE VOCÊ É UM SUPER-HERÓI. DESENHE OU ESCREVA COMO VOCÊ É, O QUE FAZ, ONDE VIVE, QUEM SÃO SEUS AMIGOS, QUAIS SÃO SEUS PODERES.

EU SOU...

EU FAÇO... EU VIVO EM...

FICHA 4 UNIDADE 3

MEU ANIVERSÁRIO

FICHA 1

UNIDADE 4 — FESTAS

IMAGINE QUE É O SEU ANIVERSÁRIO. DESENHE O SEU BOLO DE ANIVERSÁRIO. NÃO SE ESQUEÇA DAS VELINHAS.

CONVIDE UM AMIGO PARA O SEU ANIVERSÁRIO.

DE: _____

PARA: _____

VENHA COMEMORAR MEU ANIVERSÁRIO!

DIA: _____

HORÁRIO: _____

LOCAL: _____

FICHA 1   UNIDADE 4

COLORIR UM AMIGO PARA O SEU ANIVERSÁRIO

COELHINHO DA PÁSCOA,
QUE TRAZES PRA MIM?
UM OVO, DOIS OVOS,
TRÊS OVOS ASSIM!

CANTE A MÚSICA COM SEU PROFESSOR E SEUS COLEGAS. DEPOIS, PINTE O DESENHO.

FICHA 2 PÁSCOA
UNIDADE 4 FESTAS

O OVO DO COELHINHO É MÁGICO. DENTRO DELE ESTÁ UM PRESENTE PARA VOCÊ. DESENHE O PRESENTE E CONTE PARA OS COLEGAS QUAL É.

FICHA 2

UNIDADE 4

FICHA 3 — FESTA JUNINA
UNIDADE 4 — FESTAS

VOCÊ JÁ FOI A UMA FESTA JUNINA?
VAMOS PINTAR SOMENTE O QUE ENCONTRAMOS NESSA FESTA.

BANDEIRINHAS

ÁRVORE DE NATAL

MILHO

PIPOCA
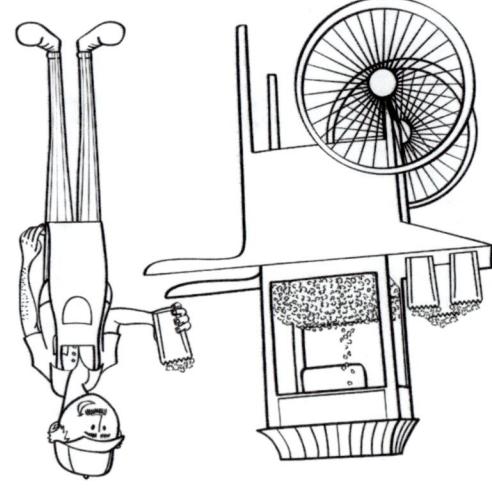

OVO DE PÁSCOA

FOGUEIRA

COMPLETE O CONVITE DA FESTA JUNINA.

ARRAIÁ DO: _____

DIA: _____

LOCAL: _____

HORÁRIO: _____

NÃO PERCAM!

FICHA 3 — UNIDADE 4

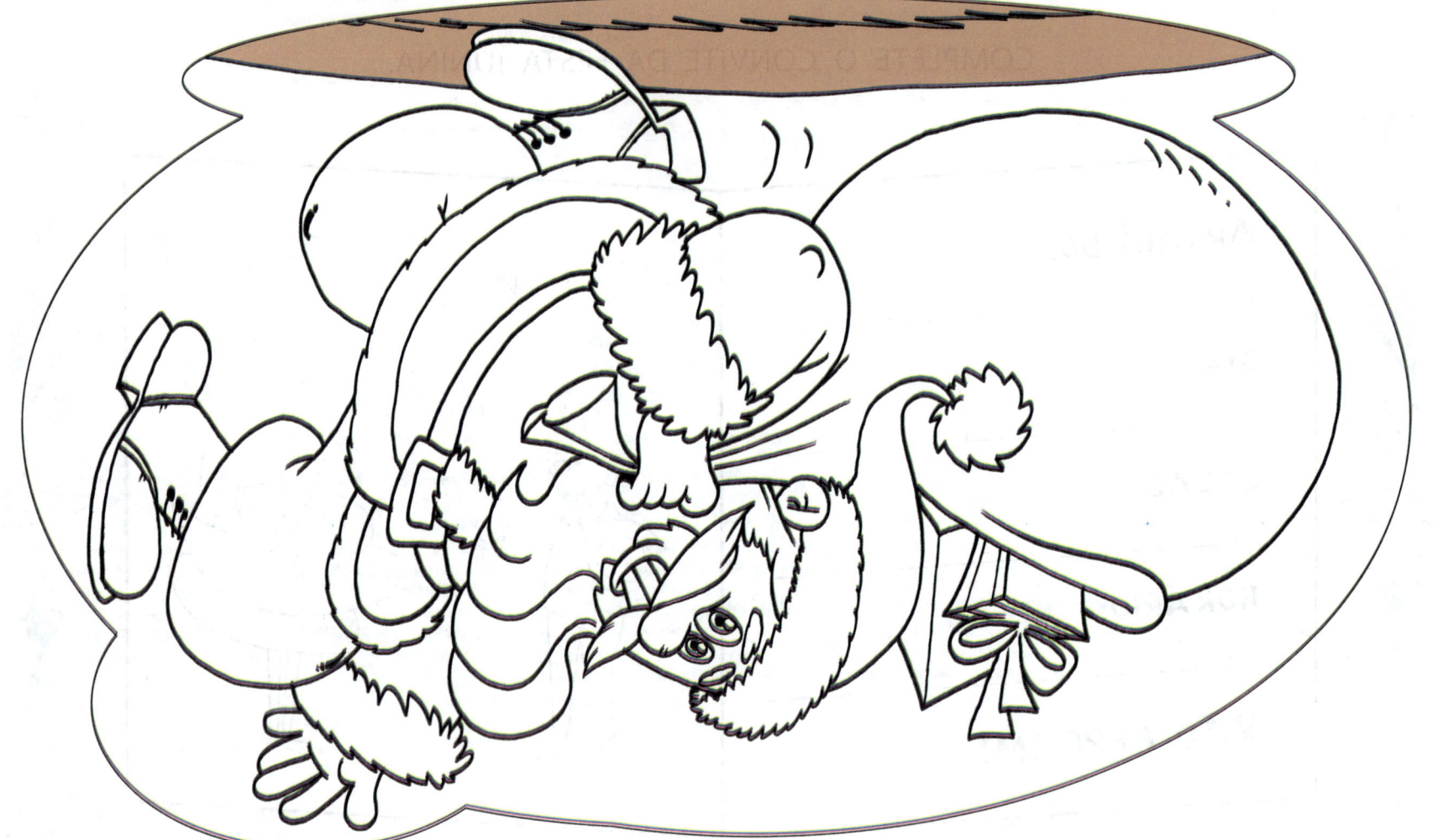

PINTE O PAPAI NOEL.

NO SACO DO PAPAI NOEL HÁ DEZ PRESENTES.
ESCREVA OS NOMES DOS PRESENTES E OS NOMES DAS PESSOAS PARA QUEM VOCÊ OS DARIA.

	PRESENTES	PARA QUEM VOCÊ DARIA?
1		
2		
3		
4		
5		
6		
7		
8		
9		
10		

FICHA 4

UNIDADE 4

FICHA 1 — O QUE A PERSONAGEM FALA

UNIDADE 5 — PALAVRAS

O QUE SERÁ QUE OS ANIMAIS ESTÃO FALANDO AO TELEFONE? IMAGINE E ESCREVA NOS BALÕES.

Desenhos representativos. As proporções não guardam relação com a realidade.

Desenhos representativos. As proporções não guardam relação com a realidade.

FICHA 1

UNIDADE 5

FICHA 2 — O QUE EU FAÇO

UNIDADE 5 — PALAVRAS

SENTE-SE COM SEUS COLEGAS DE GRUPO. JUNTEM AS SÍLABAS E FORMEM PALAVRAS.

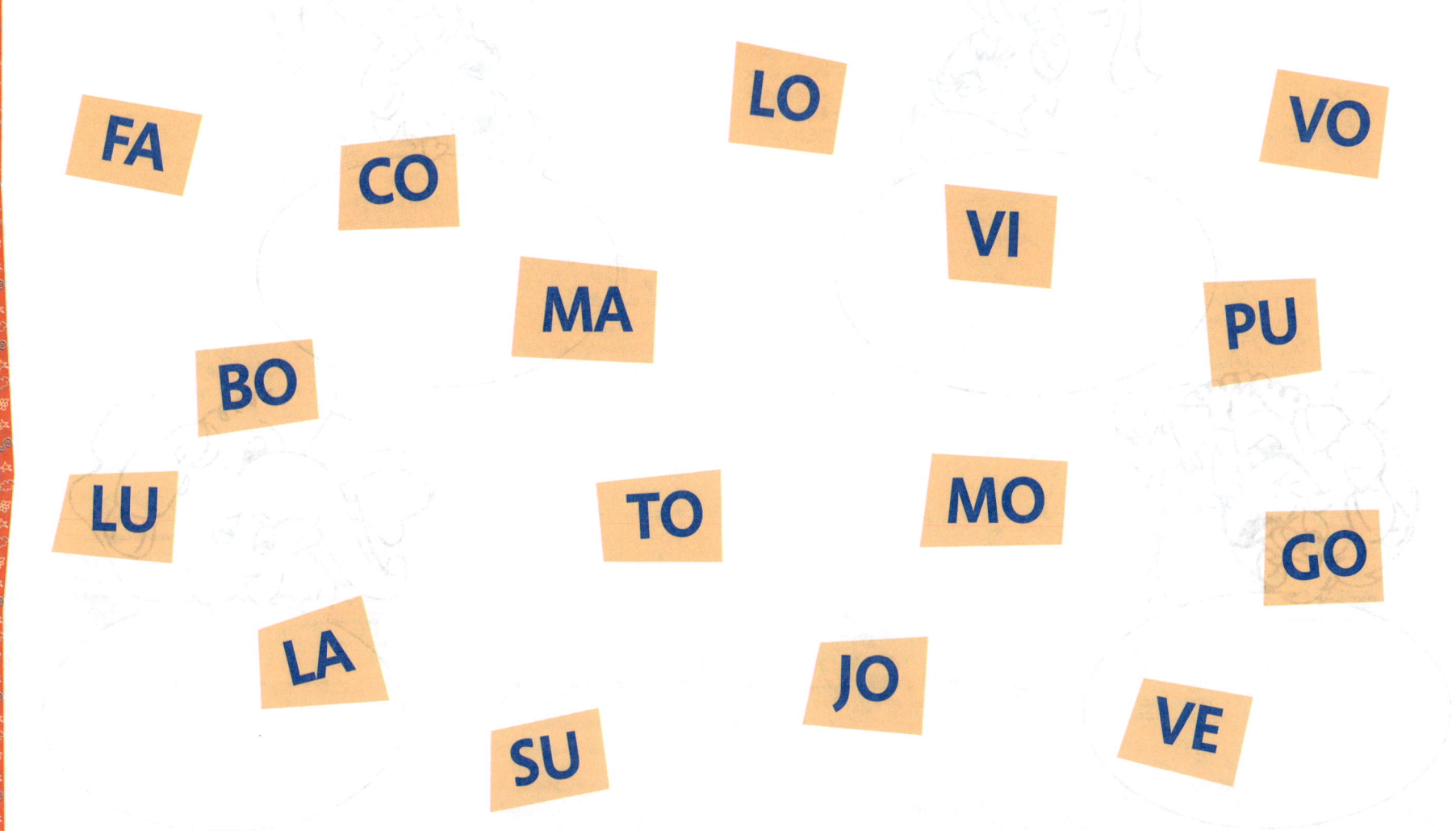

VE SU IO LA
CO MO TO LU
PU MA BO
VI CO FA
VO LO

ESCREVA NAS LINHAS AS PALAVRAS QUE VOCÊS FORMARAM.

FICHA 2 UNIDADE 5

UNIDADE 5 **PALAVRAS**

FICHA 3 **O NOME DAS COISAS**

ESCREVA NAS LINHAS NOMES DE FRUTAS, ANIMAIS E FLORES.

FRUTAS	ANIMAIS	FLORES

Desenhos representativos. As proporções não guardam relação com a realidade.

AGORA, ESCREVA NAS LINHAS NOMES DE BRINQUEDOS E PERSONAGENS DE HISTÓRIAS.

BRINQUEDOS	PERSONAGENS DE HISTÓRIAS

Desenhos representativos. As proporções não guardam relação com a realidade.

AGORA, ESCREVA NAS LINHAS NOMES DE BRINQUEDOS E PERSONAGENS DE HISTÓRIAS.

QUE ALIMENTOS PODEMOS GUARDAR DENTRO DESTA GELADEIRA?

UNIDADE 5 PALAVRAS

FICHA 4 A GELADEIRA

ESCREVA NOMES DE ALIMENTOS QUE PODEMOS GUARDAR DENTRO DE UMA GELADEIRA.

FICHA 4

UNIDADE 5

FICHA 1 **A HISTÓRIA CONTADA** **UNIDADE 6** **HISTÓRIAS**

O PROFESSOR VAI CONTAR UMA HISTÓRIA.
DESENHE O COMEÇO, O MEIO E O FIM DA HISTÓRIA.

COMEÇO

MEIO

FIM

FICHA 2

A SEQUÊNCIA DOS FATOS

UNIDADE 6

HISTÓRIAS

RECORTE OS FATOS DA HISTÓRIA E COLE-OS NA PÁGINA SEGUINTE NA ORDEM EM QUE ACONTECERAM.

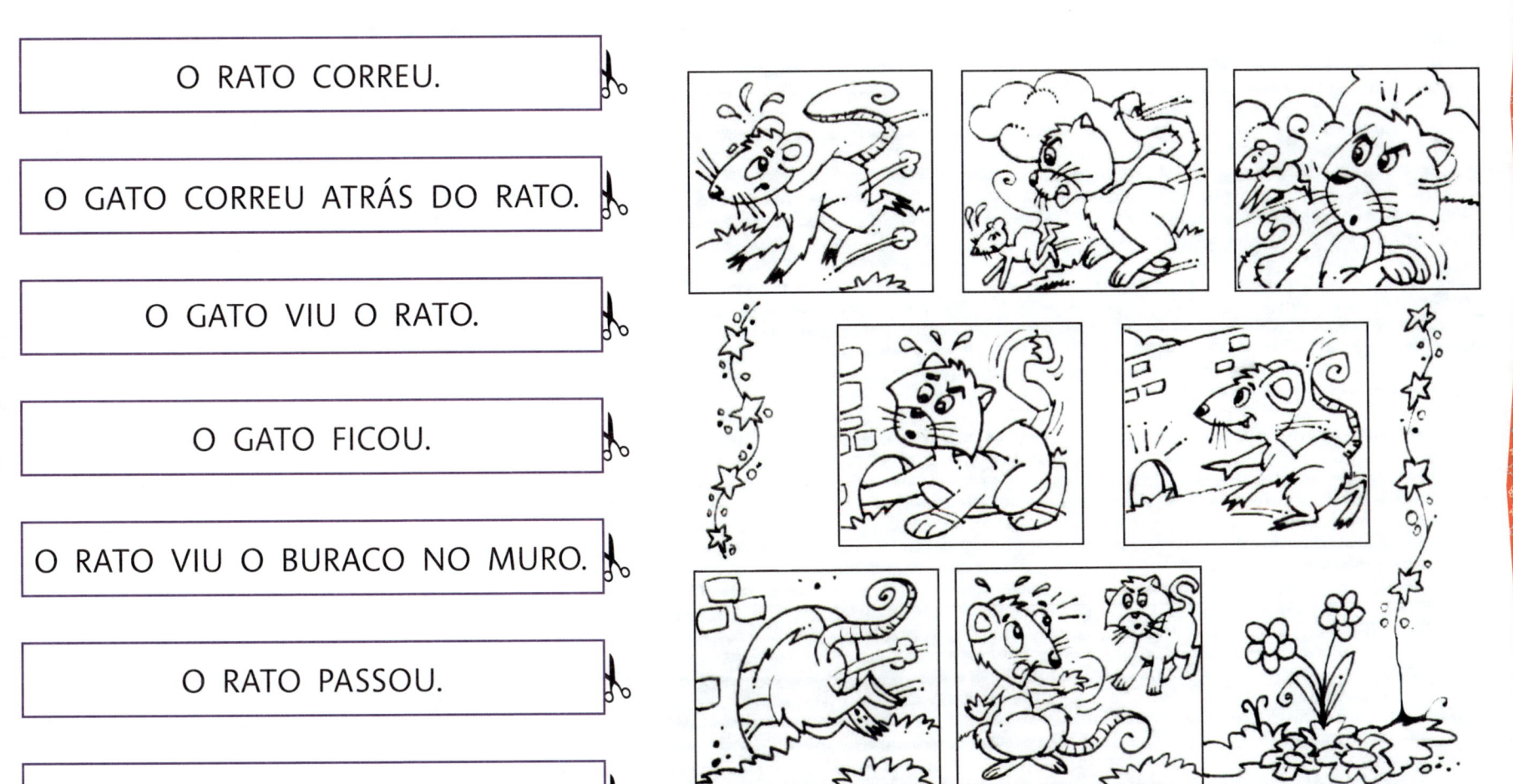

Desenhos representativos. As proporções não guardam relação com a realidade.

- O RATO VIU O GATO.
- O RATO PASSOU.
- O RATO VIU O BURACO NO MURO.
- O GATO FICOU.
- O GATO VIU O RATO.
- O GATO CORREU ATRÁS DO RATO.
- O RATO CORREU.

COLE OS FATOS DA HISTÓRIA DO GATO E DO RATO NA ORDEM EM QUE ACONTECERAM. DEPOIS, COPIE A HISTÓRIA. DÊ UM TÍTULO PARA ELA.

FICHA 2

UNIDADE 6

FICHA 3 — O QUE A PERSONAGEM FALA

UNIDADE 6 — HISTÓRIAS

LEIA AS FALAS COM A AJUDA DE SEU PROFESSOR.

— EU SOU SABIDO.
— EU SOU SABIDA.

— EU SOU RÁPIDO.
— EU SOU RÁPIDA.

— EU SOU BRAVO.
— EU SOU BRAVA.

— EU SOU ESPERTO.
— EU SOU ESPERTA.

— EU SOU MALUCO.
— EU SOU MALUCA.

— EU SOU BONITO.
— EU SOU BONITA.

ESCOLHA UMA FALA PARA CADA PERSONAGEM.
ESCREVA NAS LINHAS O QUE ELA FALOU.

O SAPO FALOU:

— _____.

O MACACO FALOU:

— _____.

O LOBO FALOU:

— _____.

O GALO FALOU:

— _____.

A FOCA FALOU:

— _____.

O RATO FALOU:

— _____.

Desenhos representativos. As proporções não guardam relação com a realidade.

FICHA 3   UNIDADE 6

FICHA 4
A HISTÓRIA CONTADA

O PROFESSOR VAI LER UMA HISTÓRIA.
DESENHE A HISTÓRIA.

ESCREVA NAS LINHAS ABAIXO
A HISTÓRIA QUE VOCÊ OUVIU.

UNIDADE 6 — HISTÓRIAS

RECORTE OS QUADRINHOS.

FICHA 1 — O QUE A PERSONAGEM SENTE

UNIDADE 7 — SENTIMENTOS

ORGANIZE E COLE OS QUADRINHOS NA SEQUÊNCIA CORRETA.
CONTE O QUE AS PERSONAGENS FAZEM, FALAM E SENTEM EM CADA MOMENTO DA HISTÓRIA.

1

2

3

4

FICHA 1

UNIDADE 7

FICHA 2 — ESTAR FELIZ
UNIDADE 7 — SENTIMENTOS

ÀS VEZES, NA SUA VIDA, ACONTECEM COISAS QUE DEIXAM VOCÊ MUITO FELIZ. DESENHE VOCÊ COM CARA DE FELIZ.

DESENHE UM MOMENTO EM QUE VOCÊ SE SENTIU MUITO FELIZ.
FALE SOBRE ESSE MOMENTO PARA OS COLEGAS.

FICHA 2

UNIDADE 7

UNIDADE 7 — SENTIMENTOS

FICHA 3 — ESTAR TRISTE

ÀS VEZES, NA SUA VIDA, ACONTECEM COISAS QUE DEIXAM VOCÊ MUITO TRISTE. DESENHE VOCÊ COM CARA DE TRISTE.

LEMBRE UM MOMENTO EM QUE VOCÊ SE SENTIU MUITO TRISTE. FALE SOBRE ESSE MOMENTO PARA OS COLEGAS.

DESENHE ALGO QUE ACONTECEU E DEIXOU VOCÊ MUITO TRISTE.
FALE SOBRE ESSE MOMENTO PARA OS COLEGAS.

FICHA 3

UNIDADE 7

FICHA 4 — **O CRAVO E A ROSA**

UNIDADE 7 — **SENTIMENTOS**

VOCÊ CONHECE A CANTIGA "O CRAVO E A ROSA"?
CANTE-A E BRINQUE DE RODA COM SEUS COLEGAS.

O CRAVO BRIGOU COM A ROSA
DEBAIXO DE UMA SACADA
O CRAVO SAIU FERIDO
E A ROSA DESPEDAÇADA

O CRAVO FICOU DOENTE
E A ROSA FOI VISITAR
O CRAVO TEVE UM DESMAIO
E A ROSA PÔS-SE A CHORAR

A ROSA FEZ SERENATA
O CRAVO FOI ESPIAR
E AS FLORES FIZERAM FESTA
PORQUE ELES VÃO SE CASAR

Domínio público

A CANTIGA DIZ QUE A ROSA E O CRAVO BRIGARAM. POR QUE SERÁ? VOCÊ ACHA QUE ELES FICARAM TRISTES COM A BRIGA? E VOCÊ, JÁ BRIGOU COM ALGUÉM E FICOU TRISTE? QUAIS DESTAS CRIANÇAS ESTÃO TRISTES? PINTE-AS.

FICHA 4

UNIDADE 7

FICHA 1 VIAGEM NO TEMPO

UNIDADE 8 VIAGENS

IMAGINE QUE VOCÊ É UM CIENTISTA QUE ACABA DE INVENTAR A MÁQUINA DO TEMPO. COM A MÁQUINA, VOCÊ PODE VOLTAR PARA O PASSADO OU IR PARA O FUTURO. ESCOLHA, IMAGINE E DESENHE ONDE VOCÊ ESTÁ.

FALE PARA OS COLEGAS COMO É O LUGAR EM QUE VOCÊ ESTÁ E COMO VIVEM AS PESSOAS. DEPOIS, ESCREVA SOBRE O LUGAR.

___

___

___

___

___

___

___

___

___

___

FICHA 1

UNIDADE 8

FICHA 2 — A SEQUÊNCIA DOS FATOS

UNIDADE 8 — VIAGENS

VOCÊ JÁ VIAJOU PARA ALGUM LUGAR?
QUAL FOI O MEIO DE TRANSPORTE QUE VOCÊ UTILIZOU PARA VIAJAR?
ESCREVA OS NOMES DOS MEIOS DE TRANSPORTE QUE PODEM SER USADOS PARA SE FAZER UMA VIAGEM.

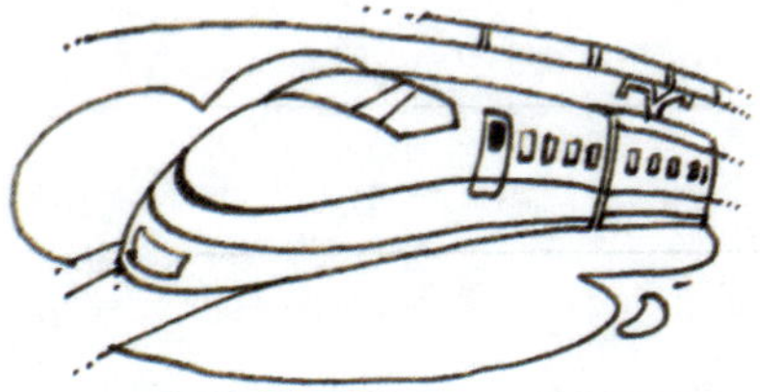

_____   _____

_____   _____

NUMERE OS ACONTECIMENTOS DA HISTÓRIA NA ORDEM EM QUE OCORRERAM.

FICHA 2

UNIDADE 8

EM CADA LUGAR USA-SE UM TIPO DE ROUPA.
LIGUE AS PESSOAS AOS LUGARES EM QUE ELAS PODEM ESTAR.

FICHA 3 — LUGARES E ROUPAS
UNIDADE 8 — VIAGENS

FAÇA DE CONTA QUE VOCÊ VAI VIAJAR PARA UM LUGAR BEM FRIO. O QUE VOCÊ PRECISARIA LEVAR NA MALA? PINTE O QUE VOCÊ LEVARIA.

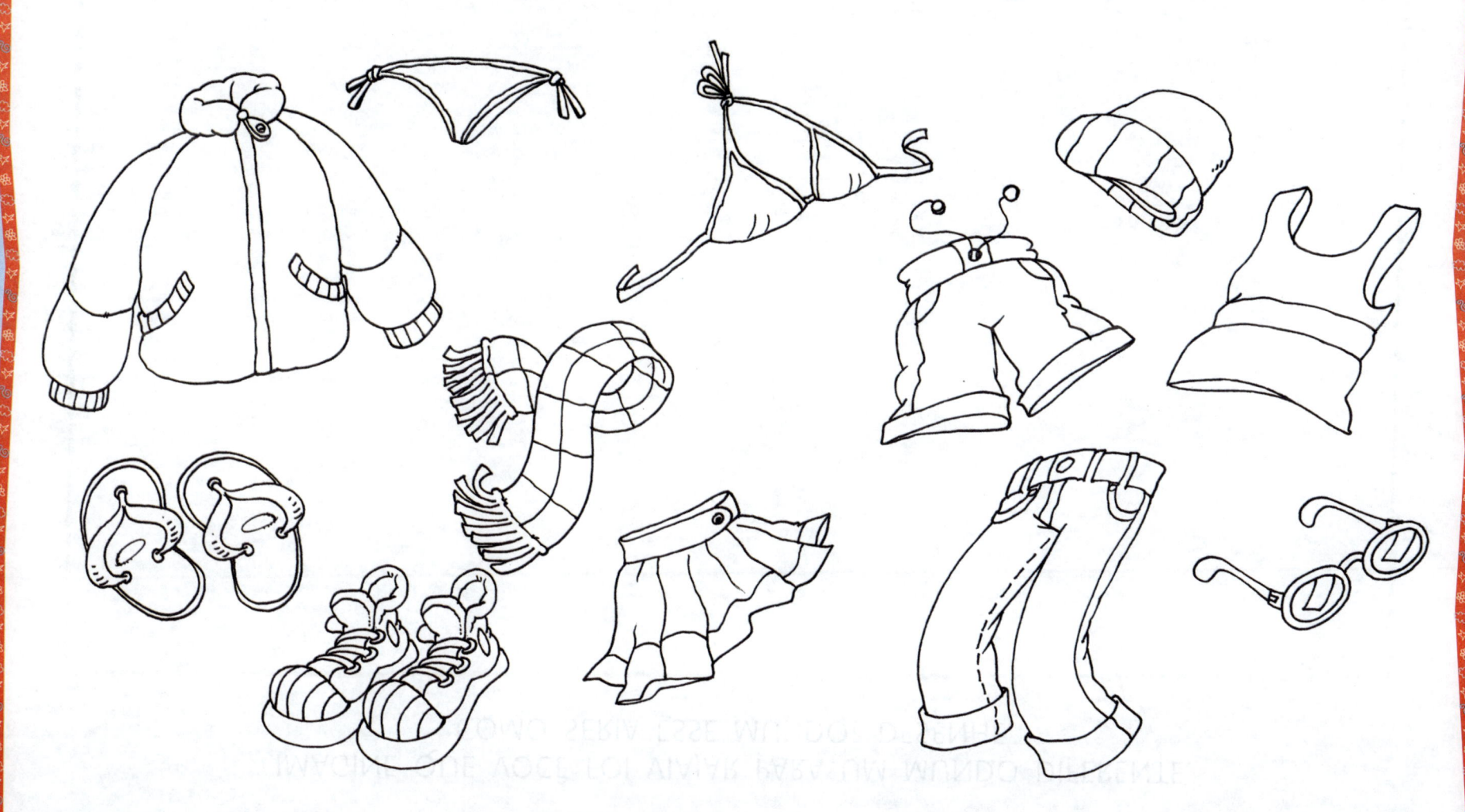

Desenhos representativos. As proporções não guardam relação com a realidade.

FICHA 3

UNIDADE 8

FICHA 4 — MUNDO DIFERENTE

VIAGENS — UNIDADE 8

FAÇA DE CONTA QUE VOCÊ VAI VIAJAR PARA UM LUGAR BEM FRIO E QUE VOCÊ NECESSITARÁ LEVAR NA MALA ROUPAS QUE VOCÊ USARIA.

IMAGINE QUE VOCÊ FOI VIAJAR PARA UM MUNDO DIFERENTE. COMO SERIA ESSE MUNDO? DESENHE.

ESCREVA, CONTANDO COMO É ESSE MUNDO DIFERENTE.

_____
_____
_____
_____
_____
_____
_____
_____
_____
_____
_____
_____
_____

ATIVIDADE LIVRE

ATIVIDADE LIVRE